Te deseo mucha
FELICIDAD

Texto de Pam Brown
Ilustraciones de Juliette Clarke

TE DESEO

* Aventuras con un final feliz.
* Mañanas de alegres esperanzas.
* Un sueño tranquilo
y un gozoso despertar.

MADRI

MIS DESEOS PARA TI

Te deseo la alegría de tener siempre a alguien con quien compartir las cosas.

* * *

Deseo que a veces, solo a veces,
consigas lo que anhelabas en vez
de lo que necesitabas.

* * *

De:
Para:

Para Tracey Salter, deseándote todo tipo de parabienes, con amor, Juliette..

Título del original inglés:
WISHING YOU HAPPINESS

Editado por Helen Exley.
Ilustraciones de Juliette Clarke
Texto de Pam Brown.

Editorial EDAF, S. A.
Jorge Juan, 30. 28001 Madrid
http://www.edaf.net
edaf@edaf.net

Edaf y Morales, S. A.
Oriente, 180, n.° 279. Colonia Moctezuma, 2da. Sec.
C. P. 15530. México, D. F.
http://www.edaf-y-morales.com.mx
edaf@edaf-y-morales.com.mx

Edaf del Plata, S.A.
Chile 2222,
1227 Buenos Aires (Argentina)
edaf1@speedy.com.ar

Edaf Antillas, Inc.
Av. J.T. Piñero, 1594 - Caparra Terrace (00921-1413)
San Juan, Puerto Rico
forza@coqui.net

3.ª edición, febrero 2003

Depósito legal: M. 8.115-2003
ISBN: 84-7640-825-0

PRINTED IN SPAIN IMPRESO EN ESPAÑA

IBÉRICA GRAFIC, S.L. - Fuenlabrada - Madrid

Te deseo buenos recuerdos con que
soportar los malos tiempos.

* * *

Te deseo lo mejor de las pequeñas satisfacciones,
abrir un libro muy conocido,
la tersura de la página,
las primeras palabras familiares...

* * *

Te deseo la felicidad de encontrar el regalo
perfecto para quien ames.

* * *

Te deseo la sorpresa de hallar algo mejor
de lo que te atreviste a esperar.

* * *

Te deseo la dicha del regalo de un niño:
un ramillete de marchitos dientes de león,
un caramelo cubierto de pelusa,
una rana,
un beso.

* * *

REGALOS DE LA NATURALEZA

Ojalá, una o dos veces en toda tu vida,
contemples algo infinitamente singular,
extraño y bello.

* * *

Te deseo el deleite de las plantas, los pequeños
milagros del injerto y la poda, la semilla,
el bulbo y el tubérculo. De una nueva vida que
emana de la tierra.

* * *

Te deseo la penumbra del parque en invierno
y, tras meses de espera,
los signos pequeños y verdes de la primavera.

* * *

Te deseo la fascinación por la variedad
infinita de la vida animal...
¿Quién hubiera podido imaginar a los elefantes?
¿A las jirafas? ¿Al ornitorrinco?
¿Quién habría sospechado la existencia del
calidoscopio de la vida submarina?
O las águilas doradas tendidas al viento.
O los ratones de bigotes plateados.
O la libélula turquesa.
Compartimos nuestro mundo con un millón,
con millones de vidas.
Maravillas.
El arqueo del gato.
El salto de la gacela.
La fuerza sinuosa del lagarto.
La ligereza del zorro.
No son esclavos ni sirvientes
de los seres humanos.
Sino compañeros, dignos de respeto.

* * *

Deseo que, con
paciencia
y amor, te ganes
la confianza de un
animal salvaje.

OJALÁ LOGRES SIEMPRE...

... abrir la puerta de casa y llegar
al teléfono antes de que deje de sonar.
... decir la palabra precisa ante la carta
de vinos.
... recordar tu cremallera.
... tener dinero suficiente para volver
a casa.
... contar con alguien que te necesite.
... hallar una moneda valiosa.
en el forro del bolsillo.
... sorprenderte de tu propia maña.
... descubrir que un sobre pardo y feo
contiene un cheque.
... enamorarte de una realidad
y no de una ilusión.
... hallar exactamente la réplica adecuada:
breve, memorable,
tajante, *en el momento* y no
media hora después.

OJALÁ NUNCA...

... pierdas la última recogida del correo.
... comiences a aplaudir al final del
segundo movimiento.
... yerres al elegir la pieza del cubierto que
requiere un plato.
... descubras que ayer se celebró
el concierto
para el que tenías entradas.
... compres unos magníficos zapatos
que no te vayan con nada.
... pierdas tu tarjeta de crédito.
... falle tu televisor en el
momento crucial.
... se te seque una planta el día
antes de la visita
de quien te la regaló.
... olvides la lista de compras
en la mesa de la cocina.

FORTALEZA Y VALOR

Si tuviera el poder de ofrecerte algo,
me sería muy difícil decidir qué regalo hacerte,
cuál contribuiría a tu felicidad.
La belleza es peligrosa,
la sabiduría hay que ganarla,
el amor has de elegirlo tú.
Pero tengo la seguridad de que al final elegiría
el mejor regalo de todos: el valor.

* * *

Ojalá no consigas nunca el «amor» a costa
de convertirte en felpudo.

* * *

Ojalá encuentres las palabras exactas
para poner en su sitio a los matones,
y la fuerza suficiente en tus rodillas
para salir con dignidad.

* * *

Ojalá tengas un corazón afectuoso...
y un criterio juicioso.

* * *

Dar proporciona
una gran felicidad.
Pero dar sin fin
puede agotar la mente y
el corazón. Aprende a
recibir un poco,
aunque sea un momento
en el jardín, en la galería o
en un café.
Aprécialo.
Que te den vigor los
pájaros, las ranas y los
cuadros, la música
los libros y los amigos
que nada exigen.
Los seres humanos
necesitan nutrirse.

* * *

TE DESEO LA ALEGRÍA DE:

Ver llegar indemne tu equipaje por la cinta
transportadora.
Una carta de alguien cuya dirección
habías perdido.
Ver cómo, al verte, se ilumina la cara de alguien.
Saber que te necesitan.
Hallar el regalo perfecto.
Que el coche arranque a la primera cuando
el posible comprador lo prueba.
Observar que vuelve a casa tu gato perdido.

El olor a tierra desde mar adentro.
Unos ánsares que graznan en vuelo bajo.
Las acrobacias de biplanos
en un día estival.
La ropa secada al sol.
Los asnos.
El alba en pleno océano.
Que alguien que te importa comprenda
cómo eres por dentro
y te quiera por eso.
Quitarte los elegantes zapatos.
Ver a un ser querido al final
del andén.
Los pistachos
Renoir.
Descubrir que, por fortuna,
no echaste al fuego
la carta de tus amigos con el papel
del regalo de cumpleaños.
Pasear bajo la lluvia.
Los cerdos.

* * *

Si pudiese, te evitaría esos tristes momentos
en que la felicidad se convierte en amargura.

NO TE DESEO...

... El bizcocho que surge dorado y abovedado y
se desploma mientras lo contemplas.
... El ave extraña en un árbol lejano convertida
—con los prismáticos— en un harapo
que cuelga.
... Esperar una llamada y que sea la de quien
se equivocó de número.

... El sobre que te revela que has ganado
un mes en el Caribe hasta que,
leyendo mejor, comprendes que es
un truco publicitario de apartamentos
en multipropiedad.
... El rostro que se ilumina ante ti, pero pasa de
largo en busca de alguien a tu espalda.
... El reflejo en la alcantarilla que, cuando hurgas,
resulta ser de hojalata.
... El jersey de marca comprado
en un saldo, que revela una mancha
escarlata en la espalda.
... Los zapatos perfectos de un número
inferior al tuyo.
... Las semillas que al germinar se convierten
en cizaña.
... El perfume de lujo que huele
a perro sucio.
... El ramito de narcisos que se pudren en agraz.
... El programa de televisión que aguardaste
hasta la madrugada
para descubrir que ya lo habías visto.
... El carrete velado de la excursión.
... El paquete que no llegó a su destinatario.
... El amor recíproco que resultó no serlo.

* * *

Te deseo la felicidad del amor que
no cambia con los cambios, que brilla con
la edad igual que en la juventud.

AMISTADES

Confío en que siempre tengas en tu vida
espacio para otra amistad.

* * *

Deseo que recibas cartas
cuya letra reconozcas al instante;
una letra que no viste en años;
o una letra por completo desconocida.
Deseo que recibas cartas de elogio,
rebosantes de estímulo;
cartas de amor y gratitud.
Te deseo cartas de disculpas de fabricantes,
con precios inesperados.
Te deseo cartas que comiencen diciendo:
"Tenemos la satisfacción de anunciarle...".
Te deseo cartas con sellos extranjeros
y membretes atrayentes.
Te deseo cartas rebosantes
de garabatos y borrones
y cubiertas de cruces
que son besos.

* * *

EN TIEMPOS DE AFLICCIÓN...

Analizar las causas de una pena
es tiempo perdido. No cabe
volver atrás. No hay sortilegio que
cambie lo sucedido, ni vale culpar
a esto o a aquello.
Cuando sufras una profunda
desazón, fuerza a tu mente a pensar
en los pequeños placeres presentes.
Concédete un tiempo para curar.
Calma.

* * *

La pérdida nos vacía, pero debes
aprender a no cerrar tu corazón
y tu mente doloridos.
Deja que la vida vuelva a colmarte.
Cuando el pesar sobreviene, parece
imposible, pero nuevas alegrías
esperan para llenar ese vacío.

* * *

Te deseo la felicidad de dejar
que el pasado se aleje y de hallar
un nuevo comienzo.

Querría ahorrarte toda pena,
todo fallo, cualquier fracaso.
Pero entonces vivirías ajeno
de los demás seres del planeta.
Una familia, un matrimonio
o una amistad
se construyen tanto con
dolores como con alegrías.

* * *

Si pudiera darte algo, sería
la paz en lo más profundo de tu
vida, que fuese serena y firme
en todos los avatares.

* * *

Guarda con cuidado
la felicidad.
Es un préstamo.

* * *

TE DESEO EL PLACER DEL AGUA

Un lento río de aguas silenciosas
y poco profundas.
El manantial que brota entre matas de violetas.
El murmullo del arroyo en el bosque.
El rugido de una catarata.
El chorro de una manguera en el jardín.
El torbellino de las fuentes.
El tornasol del agua que
se desliza sobre una roca.
Charcos cuajados de hojas escarlata.
Sólidas olas como cristal verde,
que abandonan
su espuma en pos de la marejada.
El susurro del agua hendida por la proa.
Un minúsculo arco iris matinal
en la tela de araña.
El rocío en los pies descalzos.
Cabezas de rana en una charca.
Lagos que reflejan cielos estivales.
El batir de la lluvia contra
tu cálido hogar.

* * *

... LA LLEGADA DE LA PRIMAVERA

Los jacintos asoman sus fustes brillantes
en la tierra pelada
y los brotes rompen en las ramas desnudas.
¿Puedes oler el aire?
Esta es la sorpresa llamada primavera.
Este es el deshielo.
Cuando tu monótono invierno
estalla en alegría
y te sientes siempre joven.

Aquí están las venas
de tu mano. Aquí
los arroyos corren
hacia el río. Estamos
unidos. La misma
vida fluye a través
de todos los
seres. Que seas
feliz en esta
unidad, esta
continuidad.

* * *

¡REVELACIÓN!

Te deseo el júbilo del "¡Lo *veo*! ¡¡Lo entiendo!!"

* * *

Te deseo la dicha de las ideas, el frenesí de la razón,
el triunfo del entendimiento, la claridad
de visión, la escucha atenta, el logro
de un descubrimiento, un placer en el pasado
tanto como en el presente.
Te deseo el júbilo de la creación.

* * *

Te deseo la alegría del dominio de tus
propios músculos,
de una barca, una bicicleta, un caballo,
un lienzo y pinturas,
el bordado, la confitería, los motores,
el cálculo o el inglés.
De cualquier cosa. De todo.

* * *

Que siempre haya algo que
quieras aprender, algo que desees hacer,
un lugar a donde ir, alguien a
quien ver. Que tu vida nunca se marchite.

* * *

Felicidad es regocijo
perpetuo y callado
por los pequeños
acontecimientos.

PEQUEÑAS COSAS

La felicidad, como el arte, toma un millón
de formas.
Necesitamos lo grande y memorable:
el amor perdurable, la amistad,
el éxito, la música y la revelación.
Pero también las cosas pequeñas y triviales:
Laurel y Hardy, la lluvia en la ventana, gatos
en la cama, setas en la hierba, un doble arco iris,
las luces domésticas que se apagan y el chirrido
de una cortina que se alza, el pan casero.
La luna en los prados, el hallazgo de un libro
largo tiempo buscado, las estrellas, el
"No haré nada" del dentista.
Todo lo que alivia el corazón y torna valioso
el día más inane.

Busca la dicha en las
pequeñas cosas.
Dan a una gran felicidad
la oportunidad de
llegar a ti,
serenamente.

* * *

Te deseo pequeños placeres, etiquetas
de marcas de prestigio
en un saldo de prendas baratas,
semillas que germinan hasta florecer,
yemas dobles, un petirrojo
en el álamo, monedas en la cuneta,
el susto de la montaña rusa,
un besito pegajoso,
un gato en busca de caricias,
el rizo de un biplano.
Un nido en tu árbol.
Un paquete inesperado. El tren a tiempo.

* * *

Te deseo pequeñas satisfacciones inesperadas:
una invitación, un regalo, la sonrisa
de un extraño.

* * *

ALLÁ A DONDE VAYAS

Empezarás de nuevo cuando te apartes
del viejo sendero familiar y trillado.
Hallarás dificultades con las que
nunca soñaste, momentos
de duda, momentos de miedo,
pero también habrá sorpresas.
Tras una curva del camino,
el mundo se pondrá a tus
pies, tras otra cruzarás
un barranco boscoso.
A lo largo de tu viaje toparás con nuevas
cosas que ver, gustar, oler y tocar.
Así será la senda que elijas.
Así será tu felicidad, tu vida.
Mis pensamientos van contigo.

* * *

Los amigos no están siempre allí para
lograr que sucedan las buenas cosas.
Pero incluso a solas con un camello
en el centro del Sáhara, o navegando
en solitario durante una borrasca,
contigo van sus pensamientos
y sus deseos de lo mejor para ti.
Piensa en tus amigos cuando
consultes la brújula o recojas la vela.
Quieren que encuentres
la felicidad especial que buscas.

* * *

Te deseo dicha,
pero no la felicidad que se compra
dando la espalda al mundo.
Ni al renunciar por comodidad
a tus sueños.
Te deseo la dicha de hacer
las cosas lo mejor que puedas.
De correr el riesgo de intentarlo.
De correr el riesgo de dar.
De correr el riesgo de amar.

* * *